Renata Green

Perlenschmuck einfach edel

ENGLISCH VERLAG

Die Deutsche Bibliothek – CIP-Einheitsaufnahme
Perlenschmuck einfach edel / Renata Green. – Wiesbaden: Englisch, 2002
ISBN 3-8241-1154-3

ISBN 3-8241-1154-3

Fotos: Frank Schuppelius
Herstellung: Michael Feuerer
Printed in Spain

Inhaltsverzeichnis

Vorwort

Perlen – da denkt jeder zuallererst an die kostbaren, faszinierend schillernden Kügelchen, die in einigen wenigen Muscheln zu finden sind. Doch Perlen können auch aus verblüffend vielen verschiedenen Rohmaterialien angefertigt werden. So sind alle Modelle dieses Büchleins aus einer der populärsten Perlenart, den gläsernen „Rocailles" gearbeitet. Dabei beschränke ich mich auf eine einzige Technik, das Fädeln. Der Begriff „beschränken" trifft es eigentlich nicht ganz, denn Sie werden im Nu feststellen, wie vielseitig das Kreieren mit Nadel, Faden und Perlen ist! Diese können nämlich brav Reihe für Reihe ineinander greifen, oder man fertigt aus ihnen Netze. Sie können Perlenflächen ebenso wie -schläuche zu einzigartigen Schmuckstücken verarbeiten und sogar Täschchen anfertigen, die auch ohne Inhalt schon wahre Kleinode sind. Für alle Techniken finden Sie hier eine ausführliche Anleitung. Haben Sie dann etwas Erfahrung und Übung, experimentieren Sie später ruhig auch ein bisschen mit Formen, Größen und Farben all der herrlichen Rocailles, die der Fachhandel bereithält.

Denn gerade die Fädeltechniken sind ein wahres Kompliment an die Schönheit der Perlen. Schließlich bestehen Fädelarbeiten fast ausschließlich aus diesen schillernden und funkelnden Steinchen, die schon beim geringsten Lichteinfall ihren ganzen Charme entfalten. Und den teilen sie großzügig mit Ihnen, ihrer Trägerin!

Ihre Renata Green

Material

Perlen

Alle Modelle in diesem Buch sind aus Glasperlen, so genannten **Rocailles** (frz. kleine Steinchen; ∅ 2–4 mm) sowie aus **Glasstäbchen** gefertigt. Der Fachhandel bietet sie in so vielen Ausführungen und Farben an, dass jeder seine Lieblingsperlen finden wird.

Größere Glasperlen wurden nur hin und wieder als besondere Hingucker verwendet. Zwar lassen sie sich ebenso problemlos verfädeln, haben jedoch ein ansehnliches Eigengewicht. Dieses verlangt zum einen dem verwendeten Faden eine noch größere Stabilität ab, zum anderen kann solch schwerer Schmuck der Trägerin nach einiger Zeit lästig werden. Ein Entwurf oder das Umsetzen eines der vorgestellten Stücke mit großen Glasperlen ist also unter diesem Aspekt nochmals zu überdenken. Außerdem bleibt beim Fädeln mit großen Perlen der Faden stets viel sichtbarer als mit kleinen Perlen. Auch das könnte so manchen stören. Zwar sind in jeder Anleitung die verwendeten Perlensorten und -farben genannt, doch können Sie hier selbstverständlich ganz nach Geschmack variieren. Hinsichtlich der Mengen und Maße sollten Sie sich jedoch bei Ihren ersten Stücken an den Vorgaben orientieren. Neben Ihrem persönlichen Geschmack ist lediglich ausschlaggebend, dass sich die Perlen bequem und problemlos verarbeiten lassen. Die Bohrung soll so groß sein, dass Nadel und Faden gleich mehrmals durch die Öffnung passen, was bei allen Fädeltechniken unabdingbar ist.

Garn

Das Arbeitsgarn sollte sehr reißfest sein. Das gilt ganz besonders beim Arbeiten mit Stäbchen, deren Kanten sehr viel schärfer sind als die der Rocailles. Außerdem ist auch auf besondere Strapazierfähigkeit zu achten, wenn Sie gefädelten Schmuck mit größeren Perlen mit hohem Eigengewicht anfertigen. Bei Netztechniken ist ein Fadenriss noch wesentlich folgenschwerer als beim verschachtelten Fädeln. Sich also mit billigem, minderwertigem Garn zufrieden zu geben, wäre an der falschen Stelle gespart! Sie können handelsübliches Nähgarn benutzen, dann aber hochwertiges Markengarn. Verwenden Sie farblich zu den Perlen passende Farben, denn das Garn ist fast immer ein bisschen zu sehen. Am besten verwenden Sie aber so genanntes **Quilting**, das gewachst ist und deshalb über eine besonders hohe Stabilität verfügt. Fädeln Sie aber selbst dieses stets doppelt ein. Sie können natürlich auch mit Nylonfaden arbeiten, den es mittlerweile außer in Transparent in einigen wenigen Farbtönen gibt. Dieser Faden ist wirklich sehr stabil, Optik und Griff sind jedoch nicht so angenehm wie bei Quilting.

Nadeln

Für Perlenarbeiten empfiehlt es sich grundsätzlich, im Fachhandel nach dünnen Perlennadeln Ausschau zu halten. Für Fädelarbeiten sind sie sogar unerlässlich, denn dünne Nähnadeln, die beim Fädeln oft mehrmals durch die Perlenöffnung gezogen werden müssen, bleiben bald stecken. Allerdings brechen Perlennadeln ziemlich leicht durch, wenn man sie zu sehr biegt oder mit Gewalt durch zu enge Bohrungen zwängen will. Behandeln Sie sie mit Umsicht, dann werden sie Ihnen lange gute Dienste leisten.

Verschlüsse und Schmuckmechaniken

Um Ihre Colliers und Armbänder zu schließen, haben Sie mehrere Möglichkeiten zur Auswahl. In jedem Fall zu Perlenarbeiten passend sind farblich harmonierende oder auch kontrastierende Großperlen und Knöpfe. Sie können aber auch im Fachhandel entsprechende Fertigverschlüsse kaufen. Das Angebot reicht vom schlichten Karabiner bis zum handgeschmiedeten Designerstück aus Edelmetall; und die Preise variieren entsprechend. Ich empfehle Ihnen, im Zweifelsfall zu hochwertiger, etwas teurerer Ware zu greifen, um Ihre selbst kreierten Preziosen nicht durch einen billigen Verschluss zu entwerten. Das gilt auch für Schmuckmechaniken für Ringe, Ohrringe, Broschen oder Haarspangen, die Sie ebenfalls in jedem gut sortierten Fachgeschäft in unterschiedlichen Ausführungen erhalten.

Tipp:

Sollte Ihnen zwischendurch der Faden ausgehen, führen Sie die Nadel mit dem Restfaden sorgfältig durch einige Perlen Ihrer bisherigen Fädelarbeit und lassen das Ende einige Zentimeter hängen. Den alten Faden schneiden Sie von der Nadel ab und fädeln einen neuen Faden ein, den Sie durch die Fädelarbeit zum Restfaden hinführen. Verknoten Sie beide fest miteinander und schneiden Sie den alten Fadenrest knapp ab. Führen Sie den neuen Faden durch die Perlen hindurch bis zu der Stelle, an der Sie weiterarbeiten wollen.

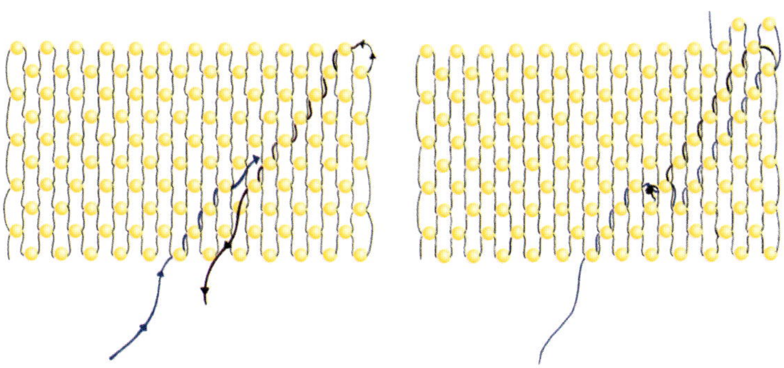

Parallel gefädelte Rocailles

Collier und Ohrringe „Bicolor“

Dieses Ensemble in Gold und Silber wird mit Sicherheit das absolute Dreamteam ihrer Garderobe werden.

Material

- je 15 g Rocailles, opak, in Bleichgold und Silber
- Nylonfaden, 0,3 mm stark
- Kettenverschluss mit Regulationskettchen
- einige Spaltringe

Anleitung

Um den Doubleface-Effekt optimal herauszuarbeiten, sollten Sie dieses **Collier** auf Nylonfaden arbeiten. Nur dieses Garn ist sperrig genug, sodass sich die Perlenreihen nahezu von selbst in die richtige Position legen. Schneiden Sie gut zwei Armlängen Nylon ab und fädeln Sie erst vier goldene und dann vier silberne Perlen auf. Schieben Sie die Reihe in die Mitte des Fadens und führen Sie dann ein Fadenende so durch die silbernen Perlen, dass die Reihe zum Ring geschlossen wird (Abb. 1).

1.

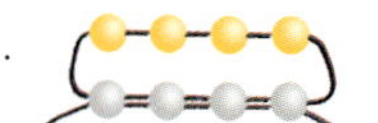

2.

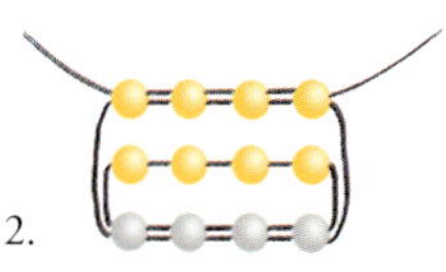

Es folgen vier goldene Perlen, die Sie fixieren, indem die beiden Nylonenden gegeneinander geführt werden (Abb. 2).

Achten Sie jetzt aber darauf, dass diese Reihe über der ersten goldenen liegt. Die darauf folgende silberfarbene Reihe befindet sich wiederum über der ersten silbernen. So arbeiten Sie weiter, wobei die Perlenreihen nach Farben geordnet sauber übereinander gelegt werden, bis Ihr Collier die gewünschte Länge hat. Hier sind es 44 cm.

Geht Ihnen zwischendurch der Faden aus, schieben Sie einen neuen Faden durch die letzte Reihe, sodass beide Fäden nebeneinander liegen (Abb. 3) und verknoten sie seitlich an den Restfäden. Nun werden die Fadenreste abgeschnitten und versäubert, indem Sie sie in die kleine „Röhre“ zwischen den Perlenreihen schieben.

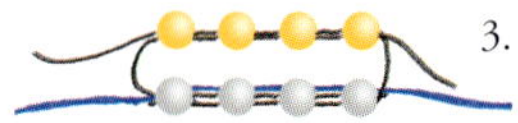

3.

Den Verschluss befestigen Sie, indem Sie an beiden Collierenden je einen Spaltring durch eine Perlenreihe ziehen.

Befestigen Sie an einem Ring den Karabinerhaken, am anderen Ende des Colliers einen weiteren Ring oder eine Regulationskette, damit man das Collier in unterschiedlichen Längen anlegen kann.

Tipp:

Perfekt wird Ihr Outfit, wenn Sie sich zur Kette auf die gleiche Art einen Armreifen anfertigen.

Dabei können Sie zum Beispiel statt eines zweifarbigen zwei unifarbene aus je einer der verwendeten Perlensorten machen.

Harmonisch ergänzt wird das Collier durch ein Paar wunderschöne **Ohrringe**.

Material

- 6 g Rocailles, opak, in Bleichgold
- 6 g Rocailles, opak, in Silber
- 1 m Silberdraht, 0,3 mm stark
- Ohrhaken

Anleitung

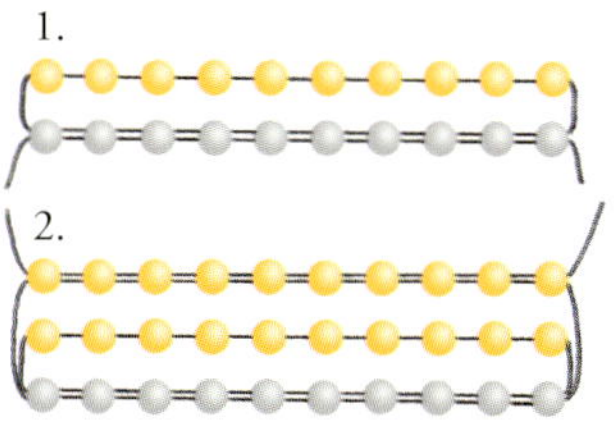

Im Prinzip werden die Ohrringe wie die Kette gearbeitet. Allerdings werden für eine Reihe mehr Perlen aufgefädelt. Sie sollten mit dünnem Draht arbeiten, um dem Werkstück mehr Stabilität zu geben. Auf einen gut 50 cm langen Draht fädeln Sie zunächst je 10 goldene und silberne Perlen auf und schieben diese in die Mitte. Führen Sie nun ein Drahtende so durch die silbernen Perlen hindurch, dass zwei Reihen übereinander liegen (Abb. 1). Dann fädeln Sie zehn goldene Rocailles auf ein Drahtende und führen das andere entgegengesetzt durch die Perlen hindurch (Abb. 2). Arbeiten Sie so weiter, indem Sie die Reihen immer farblich abwechseln. Fertigen Sie pro Farbe 6 bis 7 Reihen an, um einen quadratischen Ohrring zu erhalten. Ziehen Sie einen Spaltring durch eine Ecke des Quadrats, an dem Sie den Ohrhaken befestigen. Den zweiten Ohrring arbeiten Sie ebenso.

Flach verschachtelte Rocailles

Armband und Ohrringe „Dots“

Dieses **Armband** ist etwas wirklich Besonderes. Die gläsernen Winzlinge werden dabei reihenweise auf Lücke gefädelt und ergeben so Stück für Stück eine Art „Stoff“, der durch seine kühle Glätte und sein Gewicht einen unvergleichlichen Charakter hat.

Material

- 30 g Rocailles, silverline, in Gelb
- 10 g Rocailles, silverline, Farbmix
- 2 Großperlen
- 1 Perlennadel oder sehr dünne Nähnadel
- Quiltinggarn, farblich passend

Anleitung

Fädeln Sie gut zwei Armlängen Quilting in die Nadel und verknoten Sie es doppelt. Nehmen Sie 24 gelbe Rocailles auf. Wenden Sie die Arbeit, wobei Sie eine weitere Perle auffädeln und die Nadel dann durch die vorletzte Perle der Grundreihe führen (Abb. 1).

Nun fügen Sie fortlaufend eine Perle zwischen zwei der Grundreihe (Abb. 2). Am Ende wenden Sie die Arbeit wieder mit einer Rocaille. Die zweite Perlenreihe wird nun auf Lücke zwischen die Perlen der ersten gefädelt (Abb. 3). Beachten Sie, dass alle Reihen über die gleiche, gerade Anzahl von Perlen – hier je 12 Stück – verfügen müssen. Fädeln Sie nun wie beschrieben weiter, bis Ihr Armband die gewünschte Länge erreicht hat (bei Damen etwa 16 bis 17 cm, bei Mädchen etwa 15 cm). Dabei arbeiten Sie in jeder 6. Reihe je 5 Pünktchen ein, wobei Sie nach dem Zufallsprinzip Rocailles aus der Silverline-Farbmischung greifen. Ob Sie dabei die Pünktchen akkurat anordnen oder kunterbunt verteilen, bleibt ganz Ihrem Geschmack überlassen.

Hat Ihr Armband die gewünschte Länge erreicht, vernähen Sie den Restfaden wie beim oben beschriebenen Fadenwechsel. Das Armbändchen wird mit farblich passenden Perlen geschlossen. Diese werden angebracht, indem Sie eine oder zwei Rocailles als Steg an einer der Schmalseiten anbringen, dann eine große Perle und anschließend eine Rocaille als Stopper-Perle auffädeln. Nun führen Sie die Nadel wieder durch alle Perlen zum Ausgangspunkt zurück.

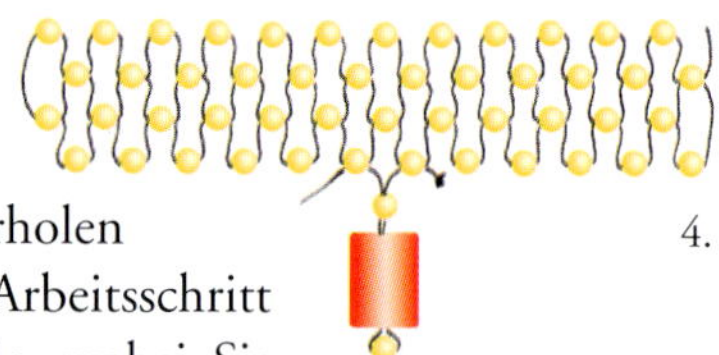

4.

Zur besseren Stabilität wiederholen Sie diesen Arbeitsschritt einige Male, wobei Sie Nadel und Faden auch stets durch eine Perle des Fädelwerkes führen (Abb. 4). Sie können auf diese Weise eine große oder auch mehrere kleinere Perlen als Verschlüsse annähen.

An der gegenüberliegenden Schmalseite bringen Sie dann Schlaufen entsprechender Größe an. Dazu fädeln Sie einfach eine Reihe Rocailles auf und befestigen sie mit

1.

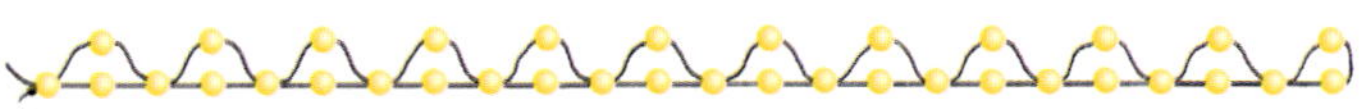

2.

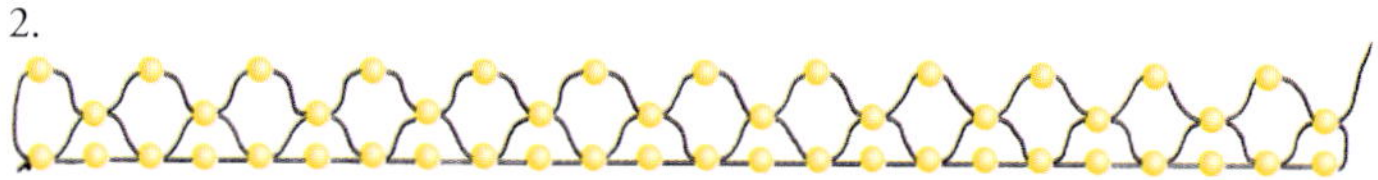

3.

einigem Abstand halbkreisförmig am Fädelwerk (Abb. 5). Auch hier sollten Sie den Faden mehrmals durch die Perlen ziehen, um die Schlaufe strapazierfähiger zu machen.

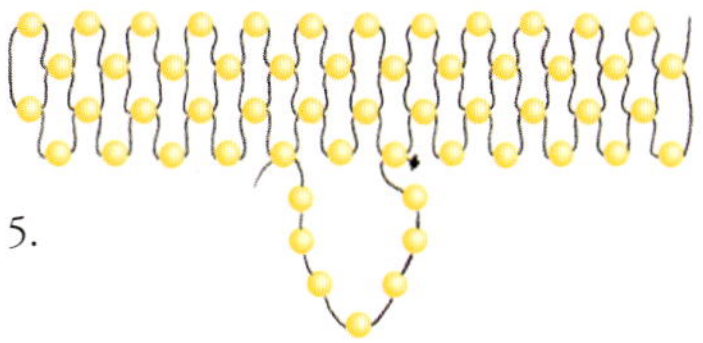

5.

Tipp:

Auch wenn der Verschluss noch so sorgfältig gearbeitet wurde, die Angst, das Armband könne sich öffnen und Ihnen unbemerkt vom Handgelenk rutschen, bleibt. Es gibt einen einfachen und zudem äußerst dekorativen Kniff, dieses zu verhindern. Fertigen Sie ein Sicherungskettchen aus Perlen an, das Sie an den beiden Schmalseiten festnähen (Abb. 6). Achten Sie darauf, dass es lang genug ist, damit Sie das Armband noch bequem über die Hand streifen können.

Um das Ensemble komplett zu machen, können Sie sich noch rasch ein Paar fröhlich baumelnde **Ohrringe** im selben Design anfertigen!

Material

- 8 g Rocailles, silverline, in Gelb
- 3 g Rocailles, silverline, Farbmix
- 1 Perlennadel oder sehr dünne Nähnadel
- Quiltinggarn, farblich passend
- 2 Ohrhaken

Anleitung

Begonnen wird der Ohrring wie das Armband, wobei Sie für die Grundreihe 20 Perlen aufnehmen. In der ersten Reihe fügen Sie

1.
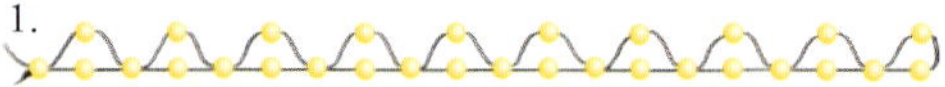

dann 10 Perlen ein (Abb. 1) und fahren wie oben beschrieben fort. Haben Sie eine Höhe von je 4 übereinander liegenden Perlen erreicht, beginnen Sie beidseitig mit dem Abnehmen, indem Sie in den beiden folgenden Reihen die Nadel ein zweites Mal durch die

6.
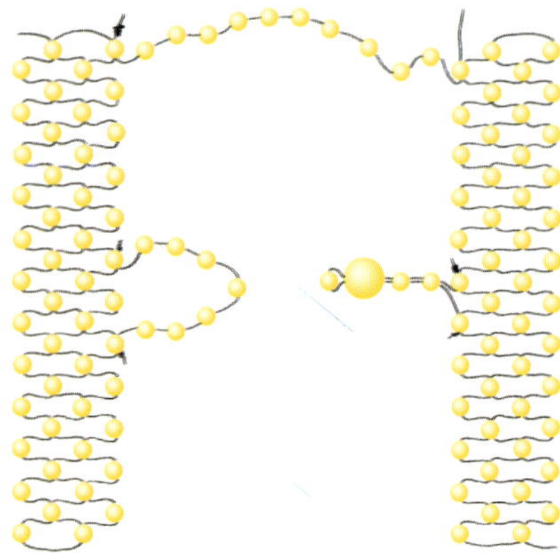

zuletzt eingefügte Perle führen (Abb. 2). Ab hier arbeiten Sie also nur über 8 Lücken.

2.
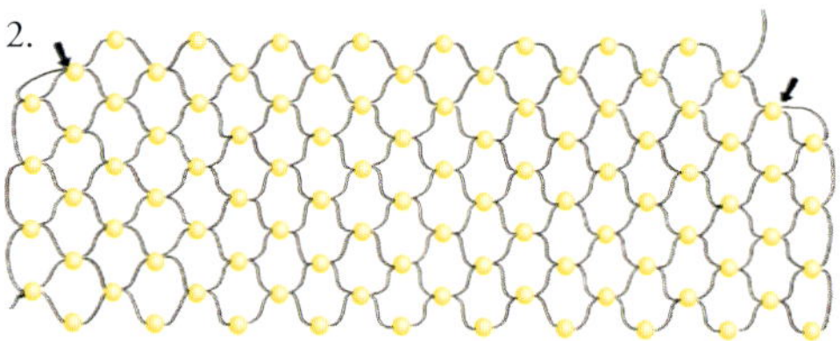

Nach weiteren 8 Reihen – das entspricht je 4 übereinander liegenden Perlen pro Lücke – wird wie beschrieben beidseitig weiter abgenommen (Abb. 3). Arbeiten Sie so weiter, bis Sie den Ohrring mit 8 Reihen über je 2 Lücken abschließen. Befestigen Sie das Dreieck am Ohrhaken, und fertigen Sie auf dieselbe Weise einen zweiten Ohrring.

3.
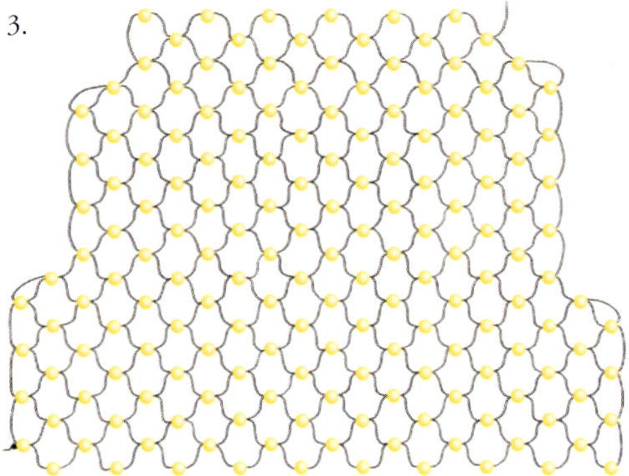

In Runden verschachtelte Rocailles

Armreif „Herz aus Glas“

Bei diesen Armreifen können die transparenten Perlen mit den zarten roten Streifen ihren ätherischen Charme voll entfalten.

Material

- 40 g Rocailles, transparent, in Weiß-Rot
- 1 Kugelperle
- 1 Perlennadel oder sehr dünne Nähnadel
- Nylonfaden, ∅ 0,2 mm

Anleitung

Im Gegensatz zu flach verschachtelter Fädelei sollte die Perlenanzahl beim Fädeln in Runden ungerade sein, denn dann arbeiten Sie sich von selbst schraubenförmig Runde für Runde zum fertigen Modell. Da dieses Modell aus transparenten Rocailles besteht, ist die Verwendung von Nylongarn hier aus optischen Gründen dem Quilting vorzuziehen. Fädeln Sie etwa zwei Armlängen ein und verknoten sie doppelt. Dann fädeln Sie 25 Perlen auf und schließen die Reihe zum Ring, indem Sie die Nadel ein zweites Mal durch die erste Perle führen. Ziehen Sie den Ring nur so fest zu, dass zwischen jeder Perle bequem Platz für eine weitere bleibt (Abb. 1).

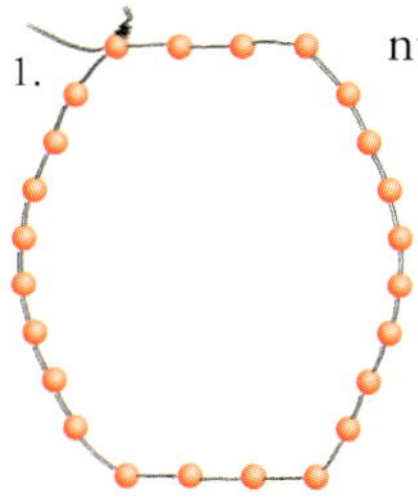

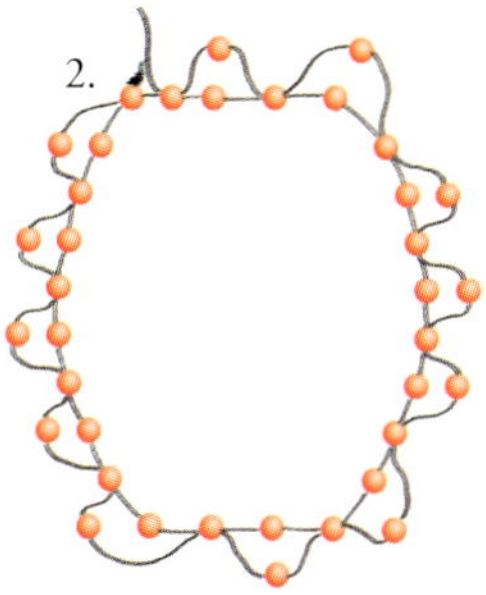

Nun fädeln Sie je eine Rocaille zwischen die Perlen der ersten Runde, und zwar insgesamt 12 Stück (Abb. 2). Und dann geht es wie geschildert weiter. Beenden Sie Ihre Arbeit, sobald der Perlen-

schlauch bequem um Ihr Handgelenk passt. Bevor Sie einen Verschluss daran arbeiten, schließen Sie die beiden Schmalseiten, indem Sie sie kegelförmig auslaufen lassen. Dafür

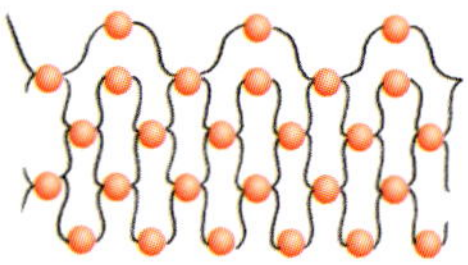

überspringen Sie in einer Runde jede zweite Lücke.
Die nächste Runde fädeln Sie dann ganz normal zwischen die verbliebenen Perlen, bevor Sie in der nächsten Runde wieder jede zweite Lücke überspringen. Die zuletzt verbleibenden drei Perlen ziehen Sie zu einem sehr engen Ring zusammen. Dann bringen Sie den Verschluss an, und fertig ist Ihr Armband.

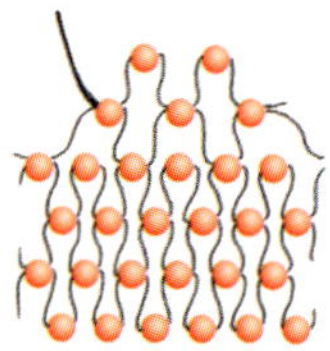

Armreif „Viva Maria!“

Ein garantierter Hingucker: Aus schwarzem Grund ragen diamantene Stacheln mit Spitzen aus funkelnden Silverline-Perlen hervor. Dabei kann dieses Aufsehen erregende Modell gleichermaßen zum Cocktailkleid wie zur Jeans getragen werden.

Material

- 70 g Rocailles, hexagon, in Schwarz
- 15 g Rocailles, silverline, Farbmix
- 15 g Stäbchen, 6 x 2 mm, in Silber
- 1 Perlennadel oder sehr dünne Nähnadel
- Quiltinggarn, farblich passend

Anleitung

Schlauchförmig gefädelter Schmuck ist für sich schon spektakulär. Doch die glatten Flächen bieten sich geradezu an, um mit „herausragenden“ Kleinigkeiten, wie hier zum Beispiel mit Glasstäbchen, besetzt zu werden. Der Einfachheit halber werden sie bereits beim Fädeln befestigt.
Für diesen Armreifen fädeln Sie zunächst einen Ring aus 35 schwarzen Hexagon-Rocailles, dazwischen kommt die zweite Runde, die aus 17 Perlen besteht. Nach fünf Runden bringen Sie die ersten Stacheln an, indem Sie die Nadel durch ein Stäbchen fädeln und dann durch eine Silverline. Führen Sie ihn dann durchs Stäbchen zum Schlauch zurück und schieben Sie es ganz dicht an die Fädelarbeit heran (Abb. 1). Dann fädeln Sie wie gewohnt eine Hexagon-Rocaille in die nächste Lücke (Abb. 2). Bevor Sie ein weiteres Stäbchen anbringen, sollten Sie mindestens eine Lücke schlicht arbeiten (Abb. 3).
Die Stacheln werden lediglich auf der Außenseite des Armreifens angebracht. Zum Abschluss wird das Modell wie beschrieben zu einem Reifen geschlossen.

1.

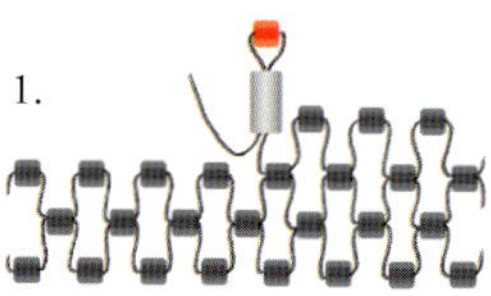

2.

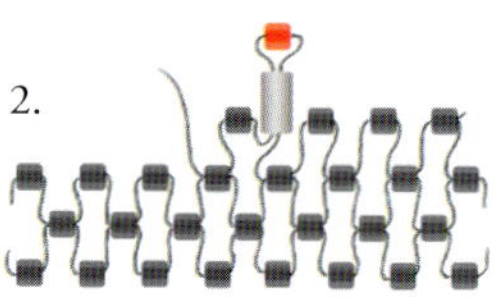

3.

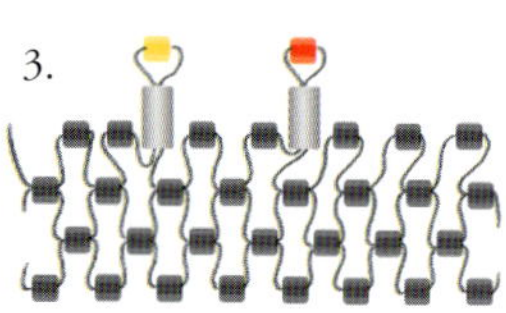

Tipp:

Auf die gleiche Art wie Glasstäbchen können auch Großperlen oder kleine Formperlen wie Blätter und Blümchen oder sogar kurze Perlenfransen auf breiten Perlenschläuchen befestigt werden.

Armreif „Python“

Schlangenlederoptik ist in der Modewelt ein Dauerbrenner. Dieser Armreifen ist durch die matte Perlenoberfläche und vor allem die harmonische Farbkombination ein Stück, das von jedem getragen werden kann.

Material

- 70 g Rocailles in Silbergrau-Perlmutt
- 5 g Rocailles in Altsilber-Perlmutt
- je 3 g Rocailles in Schokobraun-Perlmutt, Gelbgold-Perlmutt und Anthrazit metallic
- 1 Perlennadel oder sehr dünne Nähnadel
- Quiltinggarn, farblich passend

Anleitung

Gießen Sie die silbergrauen Perlen in eine kleine Schale, und fügen Sie von den anderen Tönen jeweils etwa ½ Teelöffel hinzu. Sollte sich im Verlauf des Fädelns zeigen, dass diese Mengen nicht genügen, können Sie sie immer noch ein wenig ergänzen. Durch diese Mischung entstehen während der Arbeit zufällige, interessante Farbverläufe.

Zunächst fädeln Sie eine Reihe von 39 Perlen auf und schließen diese zum Ring. Fädeln Sie dann 19 Perlen dazwischen, und fahren Sie wie geschildert fort, bis der Schlauch eine Länge von etwa 21 cm erreicht hat. Nähen Sie dann die beiden offenen Enden mit Matratzenstich so zusammen, dass ein Reifen entsteht.

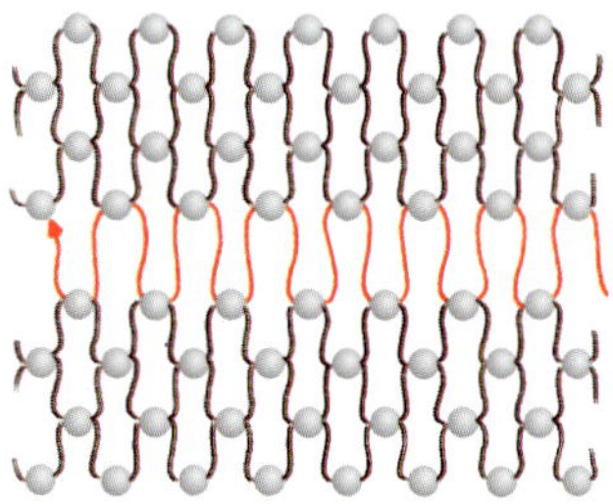

Dazu legen Sie die beiden Schlauchenden auf Lücke aneinander und führen die Nadel immer im Wechsel durch die jeweils hochstehenden Perlen.

Collier „Wasserfall“

Das Arbeiten gleich mehrerer Perlenschläuche drängt sich bei Ketten geradezu auf. Sollte Ihnen die Zeit fehlen, wie hier gleich drei Ketten zu arbeiten, können Sie die einzelnen Stränge nach und nach hinzufügen.

Material

- je 90 g Rocailles, silverline, in Maigrün, Tannengrün und Blau
- 1 Perlennadel oder sehr dünne Nähnadel
- Quiltinggarn, farblich passend
- 2 m Textilkordel

Anleitung

Für den Strang der ersten Farbe fädeln Sie einen Grundring aus 23 Perlen, in der zweiten Runde werden dann 11 Perlen dazwischen gefädelt. Sie sollten die Perlenschläuche auf etwa 60 cm Länge arbeiten, damit sie bequem über den Kopf gestreift werden können. Um den Schläuchen mehr Volumen zu verleihen, wird vor dem Vernähen eine Textilkordel eingezogen. Dafür befestigen Sie ein etwa 80 cm langes Stück Quilting am Kordelende und binden daran eine möglichst schwere Perle fest. Ziehen Sie daran behutsam die Kordel in den Schlauch. Dann nehmen Sie die Perle ab und nähen mit dem Quilting die Kordelenden zusammen, bevor Sie den Perlenschlauch wie bekannt um die Kordel herum mit Matratzenstich zum Ring schließen. Bei den folgenden Strängen wird der Perlenschlauch mit der innenliegenden Textilkordel zunächst durchs erste Kettenelement gezogen, bevor er zum Ring geschlossen wird. Auf diese Weise bleiben alle Stränge verbunden und umspielen einander beim Tragen ganz locker.

Täschchen „Christal“

Natürlich ist ein so fein gearbeitetes Täschchen in erster Linie ein Schmuckstück. Doch um beispielsweise die Telefonnummer des Partyflirts sicher zu verstauen, hat es sogar auch praktischen Wert.

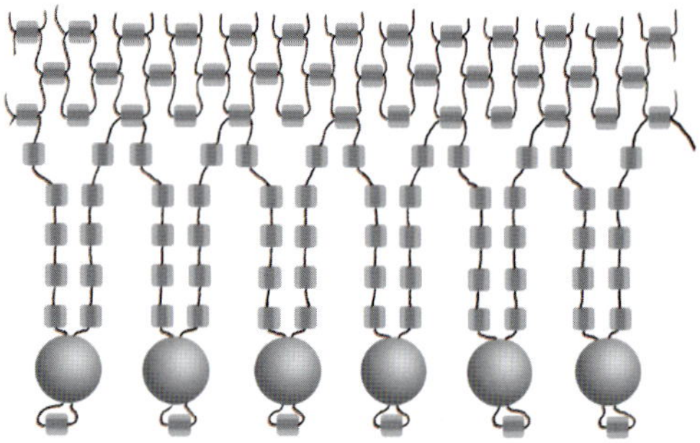

Material

- 50 g Rocailles, hexagon, in Transparent
- 30 Kugeln, in Kristall
- 1 Perlennadel oder sehr dünne Nähnadel
- Quiltinggarn, farblich passend

Anleitung

Auch wenn das kleine, aus Perlen gefädelte Täschchen so raffiniert und aufwändig wirkt, ist die Herstellung doch kaum umständlicher als die schlauchförmig gefädelter Armreifen und Ketten. Sie nehmen zunächst 45 transparente Hexagon-Rocailles auf, schließen die Reihe zum Ring und setzen dann 22 Perlen in die Zwischenräume. Fädeln Sie wie gewohnt spiralförmig 5,5 cm hoch. Für die Verschlussklappe arbeiten Sie anschließend über 22 Perlen (je 11 Perlen pro Arbeitsreihe) in Reihen weiter, indem Sie einfach an einem Ende die Runde unterbrechen und die Arbeit wenden. Nach 18 Reihen beenden Sie die Arbeit. Bringen Sie an der Verschlussklappe zwei Schlaufen an und an den entsprechenden Stellen Verschlussperlen an der Taschenvorderseite. Legen Sie die untere Kante flach auf Lücke, und nähen Sie sie im Matratzenstich zusammen. Zur Zierde bringen Sie daran kleine Dreiecke aus Perlen an.

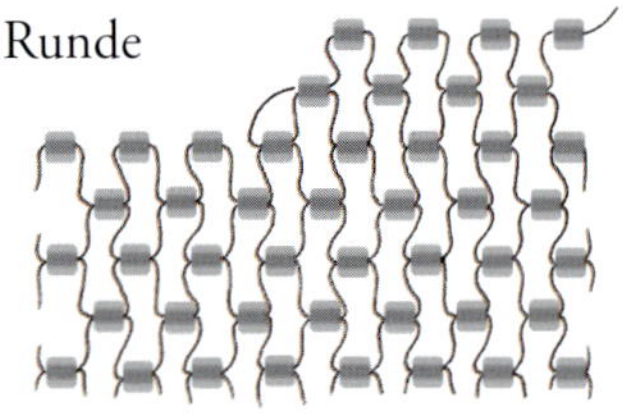

Abschließend befestigen Sie an den beiden oberen Taschenecken eine Perlenkette. Für diese fädeln Sie 3 Rocailles, dann dreimal im Wechsel eine Rocailles und eine Glaskugel. Es folgen 60 Rocailles, danach erneut im Wechsel drei Glaskugeln und Rocailles. Diese Arbeitsschritte wiederholen Sie noch viermal und beenden den Strang mit drei Rocailles, bevor Sie ihn an der gegenüberliegenden Taschenecke befestigen.

Arbeiten Sie einen zweiten Strang, bei dem Sie nun die Nadel durch die Großkugel-Segmente einfach nochmals hindurchführen und lediglich entlang der Rocailles-Abschnitte Perlen aufnehmen.

Flach verschachtelte Stäbchen

Armband „Río Dorado“

Damit dieses luxuriöse Armband nicht nur wunderschön, sondern auch interessant wirkt, wechseln sich die Stäbchensegmente in gediegenem Goldton mit kunterbunt funkelnden Rocailles ab.

Material

- 20 g Stäbchen, 20 mm lang, silverline, in Gold
- 15 g Stäbchen, 10 mm lang, silverline, in Gold
- 8 g Rocailles, silverline, Farbmix
- 1 Großperle
- 1 Perlennadel oder sehr dünne Nähnadel
- Quiltinggarn, farblich passend

Anleitung

Fädeln Sie in der ersten Reihe zwei Rocailles auf und dann viermal im Wechsel ein kurzes Stäbchen, drei Rocailles, ein langes Stäbchen und nochmals drei Rocailles.

Schließen Sie die Reihe mit einem kurzen Stäbchen und zwei Rocailles ab. Wenden Sie die Arbeit mit einer Rocailles, und fügen Sie Rocailles und Stäbchen im Wechsel zwischen die Perlen der Grundreihe.

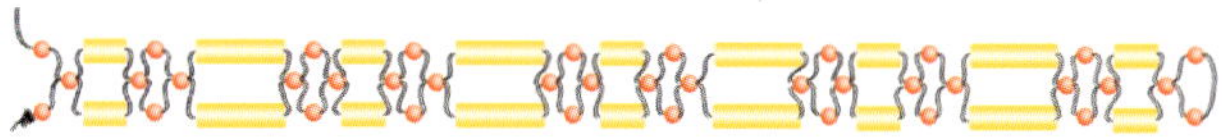

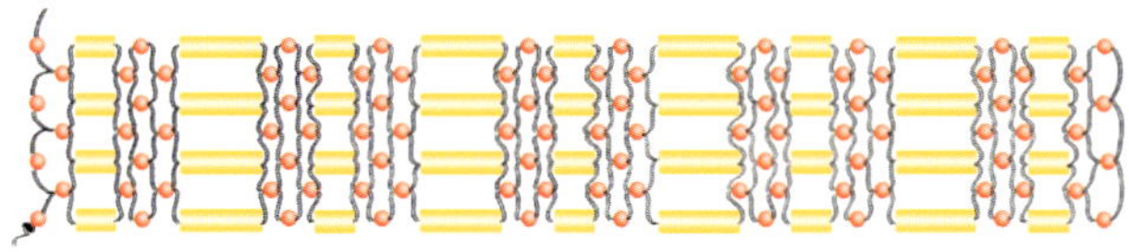

Arbeiten Sie so weiter, bis Ihr Armband aus 16 übereinander liegenden Perlen besteht. Fügen Sie als Verschluss an der einen Schmalseite eine Großperle und an der anderen Schmalseite eine entsprechend große Schlaufe an.

Armband „Harlekin“

Hier ist der Name Programm: kräftige Farben werden zu einem fröhlichen Karomuster zusammengestellt.

Material

- je 8 g Stäbchen, 7 mm lang, silverline, in Silber, Gelb, Grasgrün, Rot, Türkis, Pink und Gold
- 2 mittelgroße Perlen
- 1 Perlennadel oder sehr dünne Nähnadel
- Quiltinggarn, farblich passend

Anleitung

Dieses Armband wird ausschließlich aus Stäbchen von einer Schmalseite zur anderen gemäß der Vorlage gearbeitet. Fädeln Sie gut zwei Armlängen Quilting durchs Öhr einer sehr feinen Nadel, und verknoten Sie das Garn doppelt. Für die erste Reihe fädeln Sie je 2 Stäbchen in Gelb, Weiß, Rot und Grasgrün auf. Wenden Sie die Arbeit, indem Sie ein weiteres grünes Stäbchen auffädeln und dieses über dem letzten der Vorreihe platzieren, wobei Sie die Nadel durchs vorletzte führen.

Anschließend fügen Sie ebenso ein rotes, ein weißes und ein gelbes Stäbchen ein.

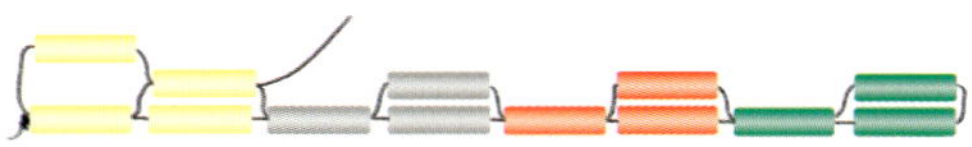

Wenden Sie dann die Arbeit mit einem gelben Stäbchen, und fahren Sie wie beschrieben fort, immer ein Stäbchen zwischen zwei der vorhergehenden Reihe zu fügen. Der Farbwechsel erfolgt nach jeweils 7 übereinander liegenden Stäbchenreihen.

Die Gesamtlänge des Armbandes richten Sie nach dem Umfang Ihres Handgelenkes aus. Abschließend vernähen Sie den Restfaden und befestigen an einem Ende die zwei Verschlussperlen, am anderen arbeiten Sie entsprechend große Ösen.

Tipp:

Wie beim flachen Fädeln von Rocailles, empfiehlt es sich auch bei Stäbchen, über eine gerade Zahl zu arbeiten, bei der am Ende der Reihe einfach gewendet werden kann.

In Runden verschachtelte Stäbchen

Collier und Ohrringe „Bamboo Avenue“

Dieses Ensemble wurde aus Stäbchen in mattierten Grüntönen gefädelt. Damit wurde Gold kombiniert. Aneinander gereiht wirken sie dann wie Bambusstäbe, und das gab diesem **Collier** seinen Namen.

Material

- 12 g Stäbchen, 12 x 2 mm, matt rainbow, in Grün
- 10 g Stäbchen, 12 x 2 mm, silverline, in Gold
- 5 g Rocailles, matt rainbow, in Grün
- 5 g Rocailles, silverline, in Gold
- 1 Glaswickelperle
- 1 Perlennadel oder sehr dünne Nähnadel
- Quiltinggarn, farblich passend

Anleitung

So wie Rocailles sowohl flächig wie auch in Runden gefädelt werden können, ist das auch mit Stäbchen möglich. Während Sie aber aus den kleinen Perlen einen Schlauch fertigen, fädeln Sie die Stäbchen zunächst als breite Fläche, die erst ganz zum Schluss zum Schlauch gerollt und vernäht wird.

Nachdem Sie gut zwei Armlängen Quilting in eine sehr feine Nadel gefädelt und es doppelt verknotet haben, reihen Sie 12 Rocailles und anschließend 36-mal im Wechsel ein Stäbchen und eine Rocaille auf. Schließen Sie die Grundreihe mit 12 weiteren Rocailles ab. Nun wenden Sie die Arbeit. Zwischen die Rocailles fädeln Sie jeweils eine Perle und platzieren dann Stäbchen über denen der Grundreihe, wobei Sie sie zwischen die Rocailles fädeln (Abb. 1). Am anderen Ende fügen Sie erneut Rocailles ein. Wenden Sie die Arbeit, und fädeln Sie in der kommenden Reihe stets Rocailles in die Lücken ein (Abb. 2). In der nächsten Reihe fädeln Sie dann wieder Rocailles und Stäbchen (Abb. 3). Arbeiten Sie so viele Reihen, bis Ihr Fädelwerk zur Rolle geschlossen die gewünschte Dicke hat. Kombinieren Sie die grünen und goldenen Perlen etwa im Verhältnis 5 : 1. Vermeiden Sie möglichst eine regelmäßige Abfolge.

Das abgebildete Collier besteht aus 20 Reihen, also 10 Stäbchenreihen. Wichtig ist, dass Sie nicht mit einer Stäbchenreihe aufhören, sondern mit einer Perlenreihe, die sich perfekt in die Grundreihe fügt, wenn Sie Ihre Arbeit längs zusammenrollen. Nun nähen Sie das Collier mit Matratzenstich zusammen (Abb. 4). Als Verschluss dient dem Collier eine längliche

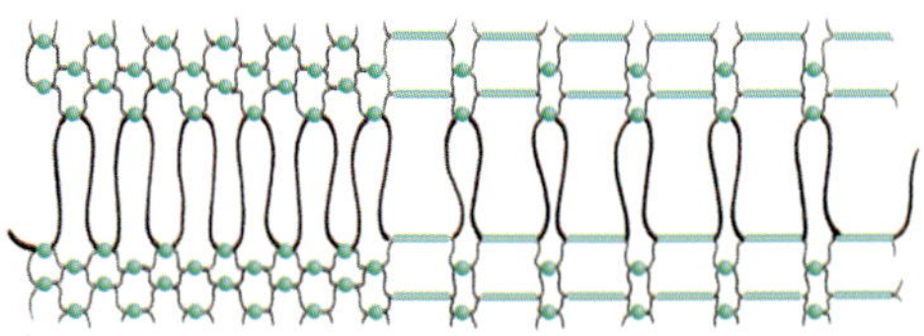

4.

1.

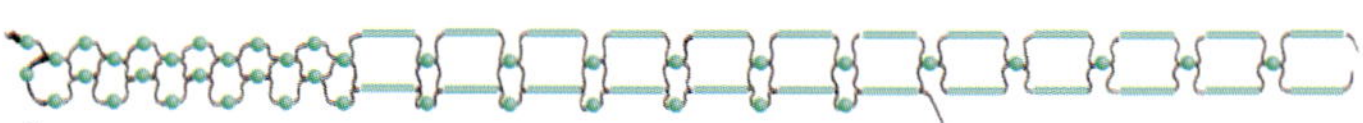

2.

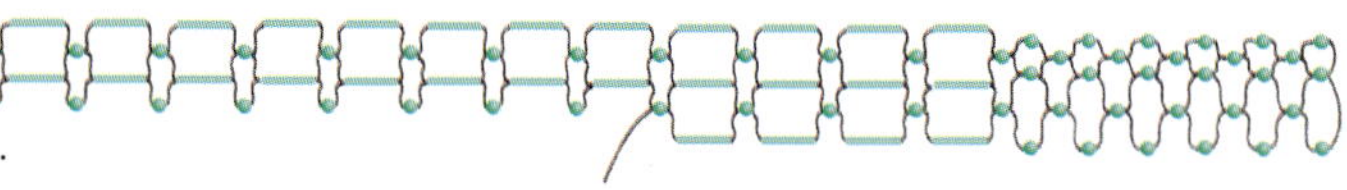

3.

schilfgrüne Glaswickelperle sowie eine Schlaufe aus goldenen Rocailles. Durch die gebrochenen Farbtöne kann das Collier ruhig von einem Paar langer **Ohrringe** ergänzt werden, ohne dass der Schmuck im Zusammenspiel überladen wirken würde.

Material

- 10 g Stäbchen, 12 x 2 mm, matt rainbow, in Grün
- 3 g Stäbchen, 12 x 2 mm, silverline, in Gold
- 3 g Rocailles, matt rainbow, in Grün
- 3 g Rocailles, silverline, in Gold
- 1 Perlennadel oder sehr dünne Nähnadel
- Quiltinggarn, farblich passend
- 2 Ohrhaken in Gold

Anleitung

Die Ohrringe werden ebenso gearbeitet wie das Collier, nur wesentlich kürzer. Nehmen Sie zunächst 6 Rocailles auf, dann im Wechsel drei Stäbchen und drei Rocailles und abschließend nochmals 4 Rocailles, sodass Sie eine Reihe aus einer geraden Anzahl Perlen erhalten.

Fädeln Sie dann nach Vorbild des Colliers weiter, insgesamt 20 Reihen, davon 10 mit Stäbchen. Legen Sie Anfangs- und Endreihe auf Lücke, und schließen Sie die Fädelarbeit mit Matratzenstich zum Röhrchen. Durch eine der Randperlen ziehen Sie einen Spaltring und hängen das Modell damit in einen Ohrhaken ein. Den zweiten Ohrring arbeiten Sie ebenso.

Flach vernetzte Rocailles

Armband „Bai“

Ob Rocailles oder Stäbchen, bei allen bisher vorgestellten Modellen wurden sie dicht an dicht zu einem recht kompakten Gewebe gefädelt. Es ist aber auch möglich, aus Perlen Netze anzufertigen. Die Maschengröße hängt von der Zahl der aufgereihten Perlen ab.

Material

- je 8 g Rocailles, silverline, in Maigrün, Grün und Türkis
- je 8 g Rocailles, irisierend, in Blau und Dunkelblau
- 2 geschliffene Glasperlen
- 1 Perlennadel oder sehr dünne Nähnadel
- Quiltinggarn, farblich passend

Anleitung

Der Einfachheit halber wurde hier kein akkurates Design ausgewählt; die verschiedenen kühlen Farbtöne laufen spontan ineinander. Sie können das Band selbstverständlich auch zunächst in nur einem Farbton anfertigen.

Fädeln Sie gut zwei Armlängen Quilting in Ihre Nadel und ziehen für die Grundreihe 19 Perlen auf. Schließen Sie die letzten 6 Perlen zu einer Schlaufe, indem Sie die Nadel durch die 13. Perle zurückführen.

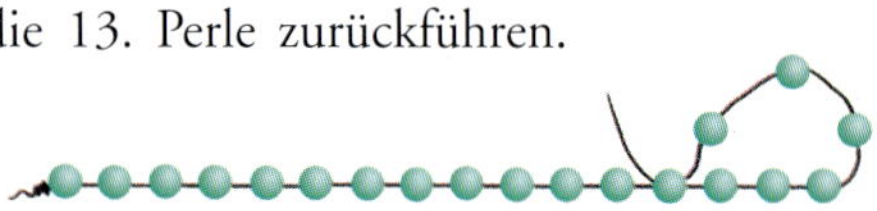

Nehmen Sie dann drei neue Rocailles auf, die Sie an der 9. Perle festmachen.

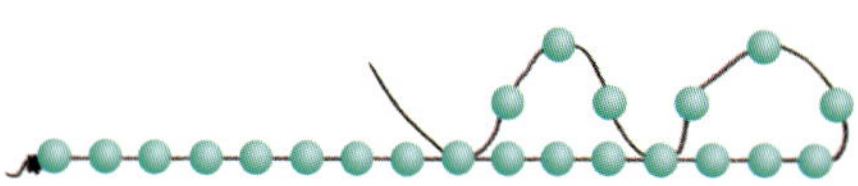

Wiederholen Sie diesen Schritt noch zweimal, wobei Sie jeweils 3 Rocailles an der 5. und an der 1. Perle fixieren.

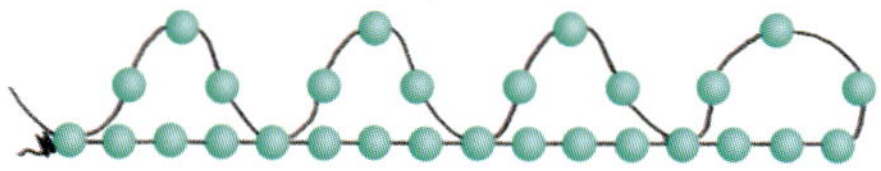

Um mit der Arbeit in der nächsten Reihe fortzufahren, nehmen Sie zum Wenden 4 Rocailles auf, die Sie an der mittleren Perle des letzten Bogens der Vorreihe festmachen.

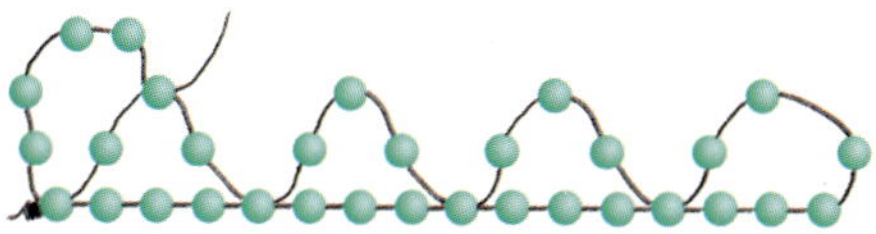

Arbeiten Sie so die gesamte Reihe, wobei immer ein Bogen aus 3 Rocailles an der mittleren Bogenperle der Vorreihe fixiert wird. Den letzten Bogen befestigen Sie an der zweiten Perle der Randschlaufe, bevor Sie die Arbeit wenden, um weiterzuarbeiten. So fädeln Sie Ihr Netz, bis es die gewünschte Länge erreicht hat. Achten Sie dabei auf einen schönen und abwechslungsreichen Verlauf der Farbtöne. Runden Sie auch hier Ihre Arbeit durch einen farblich und stilistisch passenden Verschluss ab.

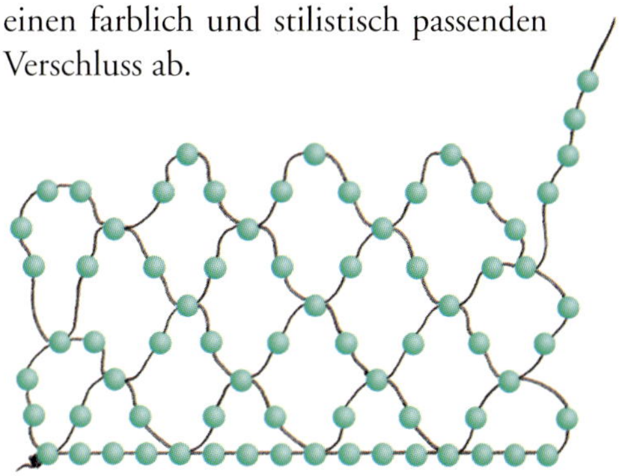

Kragencollier und Ohrringe „Innocence“

Es sieht so kostbar aus, als ob es für eine echte Prinzessin gemacht wäre, und wird auch Ihrem Dekolleté märchenhaften Glanz verleihen. Und vielleicht lockt das diamantene Funkeln ja sogar den Prinz auf dem weißen Pferd an!

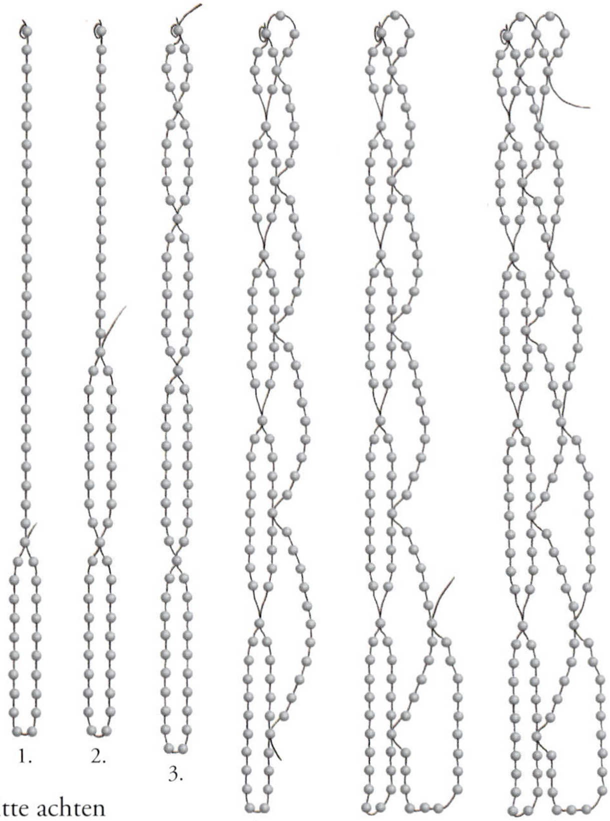

1. 2. 3. 4. 5. 6.

Material

- 80 g Rocailles, silverline, in Silber
- 2 Glaskugeln, in Kristall
- 2 Glasherzen, in Perlmutt
- 1 Perlennadel oder sehr dünne Nähnadel
- Quiltinggarn, farblich passend
- Ohrhaken

Anleitung

Netze eignen sich nicht nur für gerade, symmetrische Formen, sondern können sich, je nach Bedarf, durch variierende Perlenzahl verbreitern oder verjüngen. Bitte achten Sie darauf, besonders strapazierfähigen Faden zu verwenden.

Das **Collier** wird von Schmalseite zu Schmalseite gemäß der Vorlage gearbeitet. Nachdem Sie zwei Armlängen Quilting eingefädelt haben, nehmen Sie zunächst 1 Rocaille auf, die Sie fast zum Fadenende schieben. Führen Sie dann die Nadel ein zweites Mal durch die Perle, um sie so zu fixieren. Nehmen Sie nun 48 Rocailles auf. Legen Sie am Rand die 20 zuletzt aufgefädelten Perlen zur Schlaufe, indem Sie die Nadel einmal durch die 29. Perle durchziehen (Abb. 1). Nehmen Sie dann 9 Perlen auf und ziehen Sie die Nadel nach 9 Perlen Abstand durch eine Rocaille der Grundreihe (Abb. 2). Nun fädeln Sie 7 Rocailles auf und befestigen sie nach 7 Perlen an der Grundreihe, dann entsprechend 5 Rocailles nach 5 der Grundreihe. Es folgen 3 Perlen, die Sie an der Ausgangs-Rocaille befestigen (Abb. 3). Nun wenden Sie die Arbeit und nehmen drei Rocailles auf, die an der mittleren der letzten 3 Perlen des Rückweges zur Schlaufe geschlossen werden. Weiter fädeln Sie 5, 7, 9 und 11 Rocailles, die jeweils bogenförmig versetzt durch die mittleren Perlen der vorhergehenden Bögen befestigt werden (Abb. 4). Fädeln Sie abschließend 15 Rocailles auf, die an der mittleren Perle des letzten Bogens zur Schlaufe geschlossen werden (Abb. 5). Dann folgen erneut Bögen aus 9, 7, 5 und

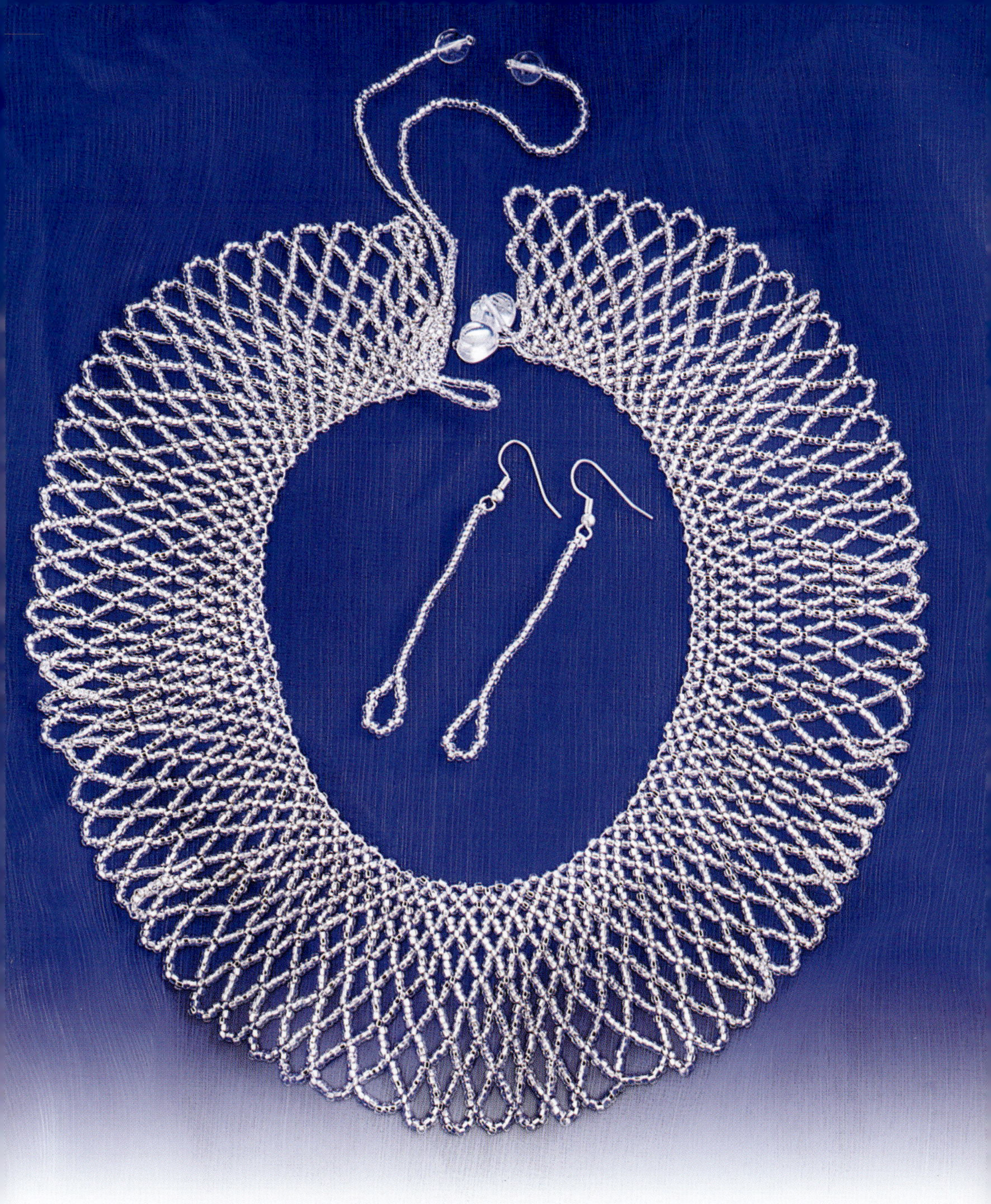

3 Rocailles, bevor Sie am anderen Rand mit 3 Perlen die Arbeit wenden (Abb. 6). Dann geht es Segment für Segment weiter, bis Ihr Collier bequem um den Hals passt. Als Verschluss werden zwei Perlmutt-Herzen verwendet.

Die das Collier ergänzenden **Ohrringe** sind schnell gemacht: Einfach 49 Perlen auffädeln, die letzten 20 an der 29. zur Schlaufe befestigen und die ganze Pracht in einen silbernen Ohrhaken einhängen.

Kragencollier „Herbstsonate“

Durch einen Saum aus raschelndem Blattwerk wirkt dieses Collier noch extravaganter als das vorhergehende. Und hat man erst einmal raus, wie das „Herbstlaub“ befestigt wird, ist dieses Modell aus transparenten Rocailles in warmen Tönen genauso schnell angefertigt.

Material

- 50 g Rocailles, transparent, in Sandfarben
- 15 g Rocailles, transparent, in Maigrün
- 10 g Rocailles, transparent, in Grün
- 5 g Rocailles, transparent, in Apricot
- 40 Stück Ahornblätter
- 50 Stück Eichenblätter
- 1 Glaskugel
- 1 Perlennadel oder sehr dünne Nähnadel
- Quiltinggarn, farblich passend

Anleitung

Damit sich die Farbverläufe beim Fädeln zufällig ergeben können, empfehle ich Ihnen, die Rocailles in ein kleines Gefäß zu schütten,

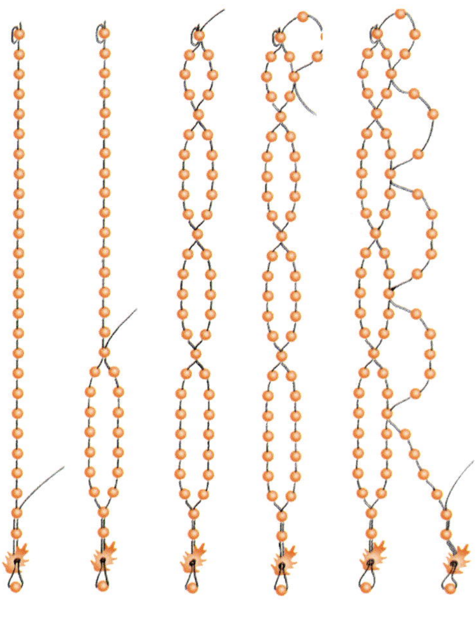

sodass sie sich vermischen. Fädeln Sie dann etwa zwei Armlängen Quilting so in eine dünne Nadel, dass der Faden doppelt liegt. Nehmen Sie eine Perle auf, und führen Sie sie fast ans Fadenende. Fixieren Sie sie, indem Sie die Nadel nochmals durchführen, wie beim Modell „Innocence“ gezeigt. Dann nehmen Sie weitere 25 Perlen auf, bevor Sie die Reihe mit einem Blatt sowie einer Stopper-Perle beenden. Führen Sie nun die Nadel durch die Blattöffnung und die beiden dann folgenden Perlen zurück, wobei Sie den Faden stramm genug ziehen, um Fädellücken zu vermeiden. Nehmen Sie dann 7 Rocailles auf, und führen Sie die Nadel in der Grundreihe entsprechend durch die achte Perle. Dann arbeiten Sie zwei Bögen mit je fünf Perlen, die Sie an den jeweils entsprechenden Perlen der Grundreihe fixieren. Der letzte Bogen besteht aus drei Perlen und wird an der ersten Rocaille festgemacht. Wenden Sie die Arbeit durch Aufnahme dreier Rocailles, die an der mittleren Perle des letzten (dreiperligen) Bogens befestigt werden. Arbeiten Sie dann einen Bogen aus drei Perlen und zwei Bögen aus jeweils fünf Perlen, die stets an den mittleren Perlen der Vorbögen fixiert werden. Schließen Sie diese Reihe ab, indem Sie nochmals sechs Rocailles, ein Blatt und eine Stopper-Perle aufnehmen. Führen Sie die Nadel zum Wenden nochmals durch das Blatt sowie durch die beiden letzten Rocailles, und fahren Sie dann wie beschrieben fort. Sie können nun auf diese

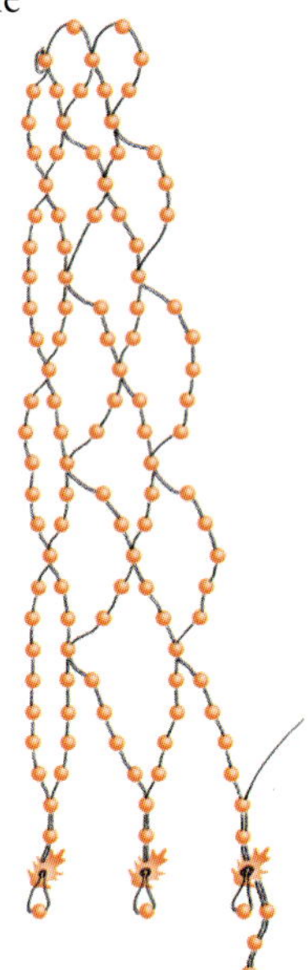

Weise das gesamte Collier arbeiten. Interessanter wird das Design jedoch, wenn alle paar Reihen ein Segment mit drei oder mehreren Blättern bestückt wird. Legen Sie das Collier hin und wieder an, um zu sehen, ob es bereits passt. Schließen Sie die Arbeit ab, indem Sie eine farblich passende Großperle als Verschluss annähen und an die gegenüberliegende Kante eine entsprechend große Perlenschlaufe anbringen. Es ist auch möglich, ein Büschel aus mehreren Blättern als Verschluss anzunähen, über das ebenfalls eine Perlenschlaufe gezogen werden kann. Aber Achtung, so stilecht und raffiniert diese Art von Schließe sein mag, sie verlangt beim Schließen einiges an Fingerfertigkeit!

Rocailles in Rosettenform

Kette „Blumenkaskade“

Diese blumige Halskette lässt Sommerträume wahr werden!

Material

- 15 g Rocailles, matt rainbow, in Grün
- je 5 g Rocailles, matt rainbow, in Türkis, Blau und Brombeer
- je 5 g Rocailles, matt, in Rot, Blau und Hellblau
- 5 g Rocailles, perlmutt opak, in Flieder
- je 10 g Rocailles, 5 mm, matt, in Blau und Flieder
- 1 Keramikperle
- 1 Rocaille, 5 mm, matt, in Grün
- 1 Perlennadel oder sehr dünne Nähnadel
- Quiltinggarn, farblich passend

Anleitung

Die gezeigte Kette besteht aus fünf 60 cm langen Strängen. Hierfür fädeln Sie jeweils etwa zwei Armlängen Quilting in eine Nadel und verknoten den Faden doppelt. Beginnen Sie mit einem kurzen Blumenstängel, für den Sie vier grüne Rocailles auffädeln und die Reihe zum Ring schließen, indem Sie die Nadel ein zweites Mal durch sämtliche Perlen führen (Abb. 1). Nehmen Sie dann zwei weitere Rocailles auf und führen dann die Nadel durch die beiden letzten Perlen, um einen weiteren Ring zu schließen (Abb. 2) und dann für den Übergang nochmals durch die zuletzt aufgenommenen (Abb. 3). Nun arbeiten Sie das erste Blümchen. Dazu nehmen Sie zwei Perlen, zum Beispiel in Rot, auf und verbinden Sie wie oben beschrieben mit den letzten beiden grünen Perlen (Abb. 4), bevor Sie für die Blütenblätter 10 weitere Perlen auffädeln.

1.

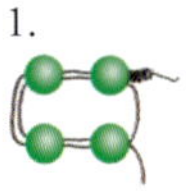

2.

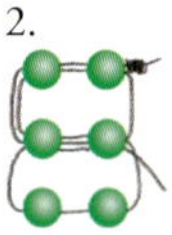

3.

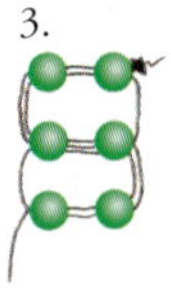

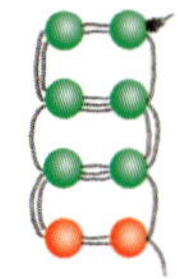

4.

Um die Reihe zum Ring zu schließen, führen Sie die Nadel nochmals durch die erste rote Perle (Abb. 5). Nachdem Sie für die Blütenmitte eine 4 mm große blaugefrostete Perle aufgefädelt haben, befestigen Sie sie, indem Sie die Nadel durch die 6. Perle der Blütenblätter führen (Abb. 6).

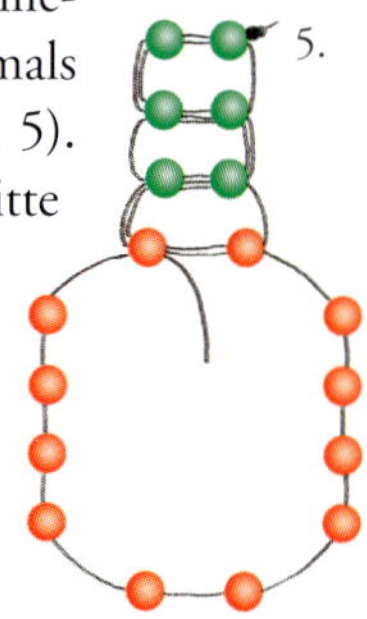

5.

Nun geht es mit dem Stängel in Grün weiter. Dafür werden zwei Rocailles aufgefädelt und an den beiden unteren roten Perlen befestigt. Dann ziehen Sie die Nadel nochmals durch die grünen Perlen hindurch (Abb. 7) und arbeiten weiter wie oben beschrieben.

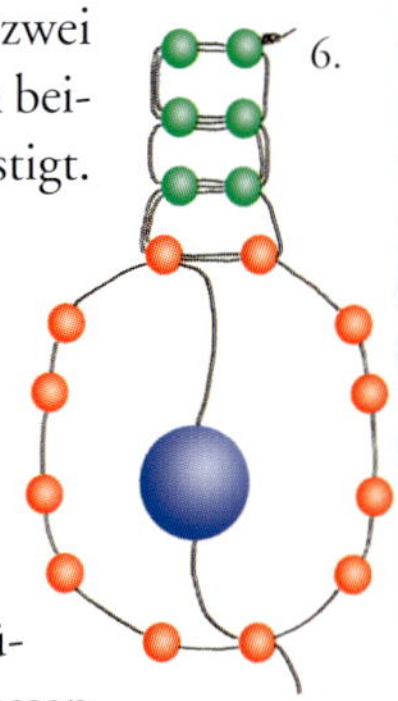

6.

Platzieren Sie in regelmäßigen Abständen nach jeweils drei grünen Reihen ein Blümchen, dessen Farbkombination Sie ganz nach Lust und Laune variieren.

Für die abgebildete Kette wurden fünf Blütenstränge gearbeitet, die zum Schluss an den grünen Endstücken zusammengenäht wurden.

Als Verschluss dient eine dicke Keramikperle in den Farben der Blumen sowie eine Perlenschlaufe.

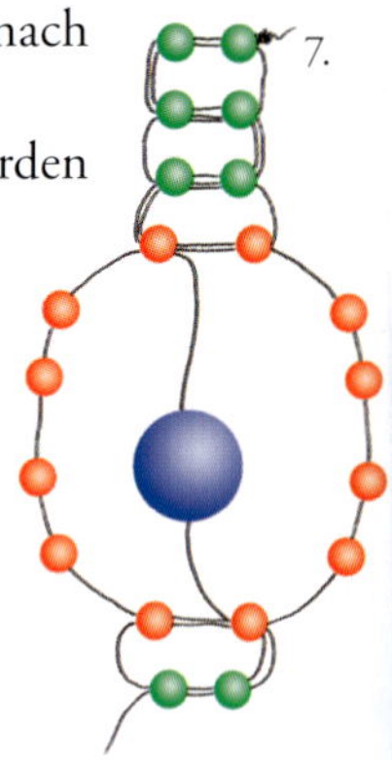

7.

ISBN 3-8241-1129-2
Broschur, 32 Seiten

ISBN 3-8241-1094-6
Broschur, 32 Seiten

ISBN 3-8241-1095-4
Broschur, 32 Seiten

ISBN 3-8241-0991-3
Broschur, 32 Seiten

ISBN 3-8241-1107-1
Broschur, 32 Seiten

ISBN 3-8241-1150-0
Broschur, 32 Seiten

Lust auf Mehr?

Liebe Leserin, lieber Leser,
natürlich haben wir noch viele andere Bücher im Programm.
Gerne senden wir Ihnen unser Gesamtverzeichnis zu.
Auch auf Ihre Anregungen und Vorschläge sind wir gespannt.
Rufen Sie uns einfach an oder schreiben Sie uns.

Englisch Verlag GmbH
Postfach 2309 · 65013 Wiesbaden
Telefon 06 11/9 42 72-0 · Telefax 06 11/9 42 72 30
E-Mail info@englisch-verlag.de
Internet http://www.englisch-verlag.de